Santa Teresinha

A vida e a espiritualidade da pequena flor do Carmelo

COLEÇÃO SANTOS DA NOSSA VIDA

Santa Teresinha

A vida e a espiritualidade da pequena flor do Carmelo

petra

PETRA EDITORA
Rua Nova Jerusalém, 345 – Bonsucesso – 21042-235
Rio de Janeiro – RJ – Brasil
Tel.: (21) 3882-8200 – Fax: (21) 3882-8212/8313

CPI-Brasil. Catalogação na publicação
Sindicato Nacional dos Editores de Livros, RJ

S222
Santa Teresinha: a vida e a espiritualidade da pequena flor do Carmelo – 1. ed. – Rio de Janeiro: Petra, 2016. il. (Santos da nossa vida)

ISBN 9788582780589

1. Teresa do Menino Jesus, Santa, 1873-1897.
2. Santos cristãos – Biografia. I. Título. II. Série.

16-33736 CDD: 922.22
CDU: 929:27-36

09/06/2016 10/06/2016

Sumário

Infância e educação

Santa Teresinha do Menino Jesus, uma das santas mais queridas de todo o mundo, nasceu Marie-Françoise-Thérèse Martin em Alençon, na Normandia, norte da França, em 2 de janeiro de 1873. Era a caçula de nove irmãos (sete meninas e dois meninos) criados numa família muito piedosa.

O pai, Luís Martin, era relojoeiro. Homem de temperamento tranquilo e muito religioso, amava o silêncio e, por ser bastante sensível, chegava às lágrimas com facilidade. Em Alençon, onde era estimado por todos, podia praticar sua fé e o amor à natureza sem reparos. Chegou a pensar em se ordenar sacerdote, e por isso casou-se somente aos 34 anos.

A mãe de Teresinha, Zélia Guérin, oito anos mais nova que o marido, era especialista no famoso ponto de renda de Alençon. Apesar do orgulho que sentia de seu trabalho, Zélia não era dada ao luxo e, como Luís, preferia uma vida simples e devota. Mais tarde, os filhos escreveriam que consideravam tanto a mãe como o pai verdadeiros santos. A Igreja Católica reconheceu a santidade do casal e o canonizou em outubro de 2015.

O desejo de ser útil ao próximo fez Zélia buscar a vida religiosa, mas a superiora do convento das visitandinas – fundado por Santa Francisca de Chantal e São Francisco de Sales – não a aceitou e sequer disse os motivos. Nesse momento, Zélia sentiu

Renata Sedmakova / Shutterstock

Pintura de Santa Teresinha na capela lateral da Schottenkirche; Viena, Áustria.

que o plano de Deus era outro. Conformou-se e, aprofundando a amizade com Luís, percebeu que o casamento poderia ser, para ela, um caminho igualmente santificado. Sonhava em ter muitos filhos e, como dizia, "levar todos eles para o Céu".

O matrimônio foi celebrado em 13 de julho de 1858, na igreja de Notre-Dame de Alençon, à meia-noite, como era o costume.

Na época, a mortalidade das crianças era alta. Os dois filhos do casal morreram ainda bebês, e duas das filhas – uma delas chamada Marie Mélanie Thérèse – faleceram ao longo da infância.

Quando Teresinha nasceu, Zélia, que alimentara o desejo de ver um dos filhos tornar-se padre, deixou de lado a esperança de mais um filho homem e se contentou com a linda menina, um claro presente de Deus. Agora eram cinco as irmãs: Maria, Paulina, Leônia, Celina e Teresa, por ordem de idade. De cabelos loiros e olhos azul-esverdeados, a caçulinha era o tesouro da família, que cuidava dela com todo o carinho. Nessa época, a mãe já padecia de um tumor no seio. Apesar disso, tentava levar uma vida normal, cumprindo com todas as suas obrigações sem se queixar do sofrimento físico.

A primeira palavra que Teresa falou foi "Céu", e, quando tinha apenas dois anos, seus pais já lhe ensinavam algumas orações. Com sua curiosidade infantil, fazia muitas perguntas sobre Deus, os anjos e assuntos religiosos, e a bondade crescia nela conforme eles lhe respondiam. A família morava numa casa agradável, com um grande quintal onde as meninas podiam brincar à vontade. Tudo isso, além da índole piedosa de Zélia e Luís, contribuía para a harmonia familiar.

Em 28 de agosto de 1877, quando Teresa estava com quatro anos e meio, Zélia faleceu devido ao tumor. A menina já havia aprendido que a morte abria o caminho para o Céu, mas sentiu uma imensa e justificada tristeza, tendo permanecido por muito tempo ao lado do caixão, imersa em pensamentos.

Para fugir do lugar que trazia tantas lembranças, Luís seguiu o conselho de parentes e resolveu se mudar para outra região. A cem quilômetros de distância e menor que Alençon, Lisieux era uma cidade medieval de ruas estreitas. A família foi morar numa casa afastada, chamada *Buissonnets*, na encosta de um monte. O novo lar de Teresinha era ensolarado e espaçoso, com belas vistas para o vale e a cidade.

ACOSTUMADA ÀS VIRTUDES CRISTÃS QUE CONHECERA DESDE A MAIS TENRA INFÂNCIA, TERESA NÃO REVIDAVA NENHUMA OFENSA

Teresinha foi alfabetizada por sua irmã Paulina. Logo estava lendo a vida dos santos e queria saber tudo sobre religião.

Com o decorrer do tempo, porém, ela, que era a alegria da casa, passou a mostrar-se a mais afetada pela falta da mãe. Foi se tornando mais tímida e sensível, como o pai. Chorava com muita frequência. As irmãs faziam de tudo para compensar a saudade de Zélia, mas a menina parecia senti-la cada vez mais. Por estar fragilizada, foi acometida por uma bronquite, da qual nunca se recuperou totalmente.

Mais tarde, em seu livro de memórias, Teresa revelou que o período dos quatro aos 14 anos foi o mais triste e sofrido de sua vida. Nessa época, a presença das irmãs também começou a lhe fazer falta: a terceira, Leônia, se tornara aluna interna do colégio das beneditinas, e Celina, a mais próxima de Teresa em idade, fora matriculada como semi-interna na mesma escola.

Enfim, em outubro de 1881, Teresinha também foi matriculada no colégio das beneditinas. Graças às lições que recebera de Paulina em casa, foi admitida numa turma de alunas mais velhas e superava todas elas em aplicação e aproveitamento. Os professores a admiravam, mas as outras internas a invejavam e desprezavam; via-se ali o que desde sempre houve nas escolas do mundo todo: brigas, fofocas, intimidações...

No entanto, acostumada às virtudes cristãs que conhecera desde a mais tenra infância, Teresa não revidava nenhuma ofensa. Pelo contrário, procurava tratar as colegas com educação, delicadeza e amor. Com isso, conseguiu a afeição de muitas. Mesmo assim, só se sentia realmente aliviada quando retornava para casa. Nos dias de folga, costumava se dedicar a suas brincadeiras favoritas, que eram bastante originais: no amplo quintal de sua casa, fazia altares, imaginava que era ermitã, criava momentos de silêncio e de oração.

Em meio a tudo isso, não abandonou o gosto pela leitura. Tinha preferência pelos livros religiosos, em especial as vidas dos santos. Gostava sobretudo da vida de Joana d'Arc e, movida por tantos exemplos, também desejava se tornar uma santa.

Pack-Shot / Shutterstock

Pintura no teto da basílica de Santa Teresinha do Menino Jesus; Lisieux, França.

Porém, sofreu ainda um momento de tristeza intensa quando Paulina, a irmã que tinha se tornado sua mãe substituta, entrou para o convento das carmelitas de Lisieux, em 2 de outubro de 1882. Devido à sensibilidade de Teresinha, a família só lhe deu a notícia no último instante. Aquilo foi um choque para a menina de nove anos. Não só ficara sabendo da novidade subitamente, sem preparo algum, como também iria ficar sem sua "mãezinha" de uma hora para a outra.

"Foi como se me tivessem enterrado uma espada no coração", escreveu. "Eu ia ficar sem minha segunda mãe."

Paulina, no entanto, tentou explicar a situação à garotinha, que, diante da piedade da irmã, acabou aceitando sua decisão.

Com a partida de Paulina, as relações no lar se transformaram. Teresinha perdeu a doçura e a delicadeza para com as irmãs. Fazia birra, desobedecia às ordens de Maria, gritava o tempo todo com Celina, discutia com Leônia...

Nas curtas férias da Páscoa seguinte, o pai decidiu que Maria e Leônia iriam passar uns dias com ele em Paris. Celina e Teresinha ficariam com os tios. Enquanto os três estavam fora, Teresinha começou a sofrer de tremores incontroláveis. Tinha também visões assustadoras, ficava agitada, dizia coisas sem nexo, estava apavorada com a situação. Os tios não sabiam o que fazer. O médico apenas concluiu que a doença era "grave, muito grave, sem cura possível", e o pai foi chamado às pressas.

Poucas semanas depois, em 6 de abril de 1883, Paulina, que já estava com vinte anos de idade e cumprira todo o período do noviciado, receberia o hábito de carmelita. Apesar dos sintomas ditos incuráveis, Teresinha fez questão de estar presente, e foi o que aconteceu: sentindo-se um pouco melhor, a menina assistiu ao lado da família ao grande momento da vida da irmã.

Logo, uma intensa recaída fez parecer que somente um milagre poderia salvá-la. Desesperados, tanto sua família como as carmelitas não economizaram orações.

Claudio Giovanni Colombo / Shutterstock

Vitral de Santa Teresinha; basílica de Notre-Dame, em Alençon, França.

A descoberta de uma vocação

"Que sorriso lindo!" é o que Teresinha deverá ter dito naquele momento. Pouco antes, as irmãs tinham se ajoelhado ao lado de sua cama para fazer o que poderia ser um último pedido de cura à Virgem. Voltadas para a estátua de Nossa Senhora que tinham no quarto, Maria, Leônia e Celina oravam com todo o fervor. A irmã caçula reuniu forças para também voltar o olhar para a imagem, num piedoso ato de súplica à Mãe do Céu.

De repente, a menina começou a enxergar a beleza da Virgem, que aparecia linda aos seus olhos, em todo o seu esplendor. O que mais marcou Teresinha foi seu sorriso. Naquele instante de contemplação, em que todos ao redor pareciam suspensos, suas dores desapareceram.

Uma alegria imensa preencheu seu coração. Teresinha prometeu que não contaria nada daquilo a ninguém, pelo menos naquele momento, para não diminuir a felicidade que sentia. Estava curada de tudo!

O médico, no entanto, recomendou que ela permanecesse em repouso absoluto e que fosse poupada de qualquer contrariedade, evitando ser arrebatada por emoções fortes. Em suas memórias, redigidas 12 anos mais tarde, ela escreveu:

"Acredito que minha doença foi provocada pelo demônio, que estava furioso porque Paulina havia entrado para o convento carmelita. Foi a vingança dele sobre a minha família. Porém, apesar de estar curada, senti que a maturidade da minha alma ainda estava distante de ser alcançada."

Um sinal dessa falta de maturidade foi o descumprimento da promessa de não contar nada a ninguém sobre o sorriso de Nossa Senhora. A menina se sentiu tão bem, que revelou o segredo para sua irmã Maria. Logo, todas as freiras já estavam sabendo da história, e o relato do milagre ultrapassou as paredes do convento.

Vinicius Tupinamba / Shutterstock

Estátua de Santa Teresinha.

Todos queriam saber como era a Virgem. Seria parecida com a Nossa Senhora de Lourdes? E como era aquele sorriso lindo? Seria mesmo tudo verdade? A menina não estaria mentindo?

Até Teresinha se encheu de dúvidas diante de tamanha pressão. Além disso, o fato de ter descumprido sua própria promessa de segredo a fazia sentir-se devedora de algo que não sabia bem o que era.

Em meio a essa crise interior, sua irmã Maria e o padre Domin, que lhe ensinava o catecismo com vistas à primeira comunhão, procuraram tranquilizá-la, dizendo-lhe que não se afligisse por tão pouco, que, se estava curada quando todos acreditavam que morreria, era porque Nossa Senhora realmente cuidara muito bem dela.

Mesmo assim, a crise íntima durou cinco anos. "Só no Céu serei capaz de saber realmente quanto sofri com essa história", ela escreveu.

O pai achou melhor tirá-la de Lisieux e levou-a para Alençon. Lá, sua vida se transformou. Aproveitando a saúde renovada, a menina andou a cavalo, tomou sol... Os antigos amigos da família admiravam-se ao ver aquela criança, que saíra de lá quase um bebê, praticamente transformada numa moça. “Tudo era festa, todos me mimavam”, lembrou ela mais tarde. “Jesus queria me mostrar o mundo antes da primeira visita que Ele viria me fazer, na primeira comunhão.”

Teresinha sentira inveja de Celina quando esta havia recebido a Eucaristia pela primeira vez. Agora era ela quem se preparava para receber o sacramento.

Sua primeira comunhão aconteceu em 8 de maio de 1884. “Foi a primeira vez que Jesus beijou a minha alma”, escreveu. Ela se preparara tão bem para esse dia que o padre Domin a chamava de “doutorazinha”: parecia conhecer as orações e os preceitos cristãos melhor que o mais sábio dos fiéis. Também procurava oferecer o maior número de sacrifícios possível a Jesus: deixava de comer seu doce favorito, ou alguma outra coisa que lhe desse maior prazer, em prol da salvação das almas. Chegou a contabilizar uma média de 28 sacrifícios

“JESUS QUERIA ME MOSTRAR O MUNDO ANTES DA PRIMEIRA VISITA QUE ELE VIRIA ME FAZER, NA PRIMEIRA COMUNHÃO”

por dia nesse período. Quando recebeu a Eucaristia pela primeira vez, sentiu uma união repentina, como que uma fusão com Jesus. "Não era um simples olhar, minha entrega era total. Nessa fusão, eu desaparecia como uma gota de água no meio do imenso oceano. Agora só existia Jesus. Era Ele o Senhor. Era Ele o Rei."

Essa experiência mística levou-a a buscar mais. Quis aprender a "meditar sobre Jesus Cristo, sobre a vida e a morte, sobre a eternidade".

A segunda vez em que comungou, no dia santo de guarda da Ascensão de Nosso Senhor, foi um momento de confirmação. Não era a simples repetição de uma experiência, mas um aprofundamento na "doçura inefável" de Jesus.

Três semanas depois, Teresa foi crismada. O crescendo dessas vivências a levou a refletir também sobre o pecado, e com isso algumas dúvidas passaram a atormentá-la. "É impossível dizer quanto sofri nessa época." Para piorar, logo foi a vez de Maria seguir o caminho de Paulina. Já com 26 anos de idade, a irmã mais velha também decidiu entrar para o Carmelo de Lisieux. E, ainda no mesmo ano, a terceira irmã, Leônia, então com 23 anos, também entrou para a vida religiosa, mas no convento das clarissas. Diante disso, a família e os amigos ficaram preocupados com Teresinha, que, permanecendo em casa com apenas uma das irmãs, Celina, voltava a apresentar os mesmos sintomas físicos de ocasiões anteriores. Além do mais, o pai também estava adoentado e exigia cuidados.

Teresinha decidiu recorrer ao auxílio dos irmãozinhos falecidos, "que já se encontravam no Céu". Isso lhe trouxe muita tranquilidade para conviver com a nova situação e amparar o pai. No entanto, ainda chorava com muita facilidade e sem motivo aparente. Nesse ínterim, a permanência de Leônia no claustro teve curta duração, e logo ela voltou ao convívio do pai e das irmãs mais novas.

No Natal de 1886, ocorreu o que Teresinha chamou de sua "conversão", o momento que ela viria a considerar o mais belo de sua vida. Foi ali que superou efetivamente o trauma causado pela morte da mãe, recobrando a fortaleza de ânimo e a força da alma. Iniciou, em suas próprias palavras, "uma corrida de gigante". O milagre aconteceu! "Aquilo que eu não havia conseguido realizar em dez anos, Jesus fez em um instante. [...] Jesus me transformou de tal maneira que nem eu mesma me reconhecia."

Tratava-se de um passo imenso: "Depois daquela noite abençoada, nunca mais fui vencida".

Em 1887, ao fazer 14 anos, Teresa já era a mais alta das irmãs. Após o milagre do Natal, sentiu-se extremamente autoconfiante. Continuava a assistir à missa todos os dias, e seu maior prazer era orar e meditar. Adotou como leitura diária o clássico *A imitação de Cristo*, do místico Tomás de Kempis. O livro lhe fora emprestado pelas carmelitas, e Celina, agora sua melhor amiga e companheira, juntava-se a ela na leitura. Latejava em seu coração o propósito que a partir de então avassalou sua alma: entrar para o Carmelo de Lisieux.

Depois de muito refletir e se preparar, anunciou a ideia ao pai em maio, no dia de Pentecostes. Falar com ele só foi possível depois de uma profunda reflexão, pois temia o que ele, adoentado, poderia sentir ao saber que mais uma filha trocaria o lar da família pela vida religiosa.

Vitral de Santa Teresinha.

Foi entre lágrimas que ela comunicou sua decisão, e também chorando ele a recebeu. Depois de ponderar que ela ainda era muito nova para aquilo, acabou concordando. Levou Teresinha para um jardim de flores brancas, arrancou uma delas e a deu à filha, falando sobre o carinho com que Deus a tinha criado e cuidado até aquele dia. Ao pegar a flor, ela notou que o pai a tinha arrancado com a raiz e tomou aquilo como um símbolo: ele mostrava que ela seria transplantada, em toda a sua pureza e integridade, do lar maravilhoso em que vivia para o ambiente do Carmelo.

As férias daquele verão foram as mais felizes que Teresa poderia desejar, na doce expectativa da vida nova a que se sentira chamada. Com o pai e com Celina, fez inúmeros passeios. Foram novamente à praia. Percorreram os campos coloridos pelas flores de verão. O que a adolescente não esperava eram as dificuldades que encontraria para realizar seu sonho de amor a Cristo.

Nessa época, sua fé foi fortalecida, paradoxalmente, pelo caso de um crime pavoroso que repercutiu muito na imprensa. Em março daquele ano, um homem chamado Henri Pranzini assassinou brutalmente duas mulheres e uma criança. Foi preso apenas dois dias depois, mas não assumiu o crime. Além disso, agredia com palavras as testemunhas e o juiz encarregado do caso. Em 13 de julho, foi condenado à morte na guilhotina.

Acompanhando tudo isso pelos jornais, Teresa se lembrou das palavras de Jesus: "Vim para salvar, não para perder". Decidiu então que iria redimir ela mesma o criminoso. "Ele vai ser meu primeiro filho", foi o que falou à Celina. "Eu disse a Jesus que tenho certeza de que Ele vai perdoar esse homem infeliz. Pedi que Pranzini, mesmo que não se confesse, demonstre um sinal de que se arrependeu."

Em 31 de outubro de 1887, Henri foi guilhotinado. Até o último momento, pareceu que iria morrer em pecado, sem se confessar. No instante derradeiro, porém, pediu o crucifixo ao padre que o assistia e o beijou duas vezes. Quando leu o relato do ocorrido, Teresa exultou e chorou, sabendo-se atendida.

Esse acontecimento reforçou e confirmou sua decisão de entrar para o convento. Quem sabe não seria apenas o primeiro de muitos outros resgates de almas para Cristo?

As irmãs, no entanto, não entravam em acordo quanto à decisão da jovem. Paulina achava que ela deveria, sim, se tornar carmelita imediatamente, visto que sua fé era firme; já Maria acreditava que deveria aguardar mais um pouco.

Teresinha falou também com um parente muito querido, o tio Isidoro, que foi contra a ideia. Ela contava tanto com a aprovação dele que quase chegou a ceder ao desânimo.

Consultada pelas irmãs, a prioresa do Carmelo de Lisieux, Maria de Gonzaga, concordou com a entrada de Teresinha para a Ordem. Antes, porém, seria necessária a autorização do capelão superior.

Acompanhada do pai, Teresa procurou o superior das carmelitas da região, o padre Delatroette, que foi peremptório: antes dos 21 anos completos, não havia chance. Ela deveria esperar a idade certa. A moça insistiu, implorou, chorou. O superior só deixou uma porta entreaberta: "Não há como voltar atrás na minha decisão. Se quiserem, reclamem com o bispo".

E foi o que pai e filha fizeram. Não foram exatamente reclamar, mas pediram uma audiência com o bispo de Bayeux, dom Hugonin, que os recebeu no dia 31 de outubro. Teresinha foi vestida de branco e, com receio de ser rejeitada novamente, tentou parecer mais velha, arrumando os cabelos num coque.

O bispo ficou emocionado com as lágrimas de Teresa e com o desapego de seu pai. Elogiou a generosidade dele. No entanto,

LATEJAVA EM SEU CORAÇÃO O PROPÓSITO QUE A PARTIR DAÍ LHE AVASSALARIA A ALMA: ENTRAR PARA O CARMELO DE LISIEUX

achou que ela era ainda muito nova para trilhar o caminho que pretendia. Deveria ter paciência.

– Eu sei que Deus não tem pressa, mas não podemos nos atrasar quando Ele nos chama – ela respondeu.

Para desânimo de Teresa, o bispo, com um sorriso amistoso, respondeu que iria procurar o padre Delatroette. Ela se sentiu como se estivesse andando em círculos e saiu chorando da audiência.

Condoído da frustração da filha, o pai lhe disse:

– Pronto, já reclamamos com o bispo. Agora vamos a Roma reclamar com o papa!

Por coincidência, o bispo da cidade de Coutances estava promovendo uma romaria em novembro e dezembro. Saindo de Paris, os peregrinos iriam a Roma prestar homenagem ao papa Leão XIII pelo jubileu de ouro de sua ordenação sacerdotal. O grupo de viajantes era grande: 197 romeiros, entre eles 75 padres.

Além de Teresa, o pai decidiu levar também Celina.

A partida dos romeiros estava marcada para 8 de novembro. O pai e as filhas aproveitaram os dias anteriores para visitar os monumentos de Paris. Entre as cidades que conheceram no caminho, Teresinha sentiu-se especialmente bem em Loreto, onde está a casa de Nossa Senhora, levada de Nazaré até lá por anjos.

Chegaram a Roma no dia 13. Como a audiência papal seria só no dia 20, aproveitaram a semana para visitar alguns dos monumentos romanos. Teresa beijou a areia do Coliseu, onde o sangue de tantos mártires regara a robusta planta do cristianismo.

Finalmente chegou o grande dia. Os peregrinos receberam as instruções para o encontro com Leão XIII: cada um deles se ajoelharia, receberia a bênção e se retiraria; ninguém poderia dirigir a palavra ao pontífice – a não ser que lhe fosse pedido.

Pouco antes de chegar a sua vez, Celina instigou a irmã:

– Não ligue para a proibição. Fale com ele! Não fique com medo!

Teresa hesitou:

– E se o padre perceber?

– Aí você já vai ter falado – insistiu a irmã.

– Deus, dai-me coragem!

O momento chegou. Teresa ajoelhou-se diante do papa e beijou sua mão. Inesperadamente, ela falou:

– Santo Padre, quero lhe pedir uma graça.

Sua voz foi quase um sussurro, um segredo que ela queria compartilhar apenas com o papa. Ele não escutou bem o que ela dissera, e ambos ficaram confusos. O padre Révérony, guia dos peregrinos, trêmulo de vergonha, se aproximou e disse:

– Esta menina tem 15 anos e quer entrar para a Ordem do Carmo. O caso já está sendo estudado pelo superior.

O papa entendeu e falou:

– Minha filha, você seguirá a palavra do superior.

– Santo Padre, se o senhor disser que sim, todos vão concordar.

– Se Nosso Jesus Cristo quiser, você entrará para a Ordem.

SE NOSSO SENHOR JESUS CRISTO QUISER, VOCÊ ENTRARÁ PARA A ORDEM

Não havia como continuar a conversa. Os outros peregrinos esperavam sua vez. Confusa, ao lado

Boris15 / Shutterstock

Selo em homenagem ao centenário de Santa Teresinha; impresso no Vaticano, 1973.

de Teresa, Celina não conseguiu falar em favor da irmã como planejara. O pai, que estava mais distante, não pôde acompanhar a cena.

Para Teresinha, a viagem acabara ali. Seu maior desejo era estar, naquele mesmo momento, de volta ao seu quarto para chorar. Queria ver as irmãs no convento. O trajeto, no entanto, era longo. Os excursionistas ainda visitaram as belezas de Pompeia, Assis e outras cidades, a torre de Pisa e o porto de Gênova.

Compadecido da dor da adolescente diante do adiamento de seus sonhos e tocado por constatar sua fé e sua piedade autênticas, o padre Révérony resolveu dizer a ela, quando passavam por Nice, que a apoiaria na vontade de se tornar religiosa o mais rápido possível.

A família chegou a Lisieux no dia 3 de dezembro. O bispo de Bayeux prometeu dar uma nova resposta ao caso, provavelmente por influência de Révérony. As festas de Natal e de Ano-Novo transcorreram sem alegrias maiores que as habituais para Teresa, mas em clima de grande expectativa.

Finalmente, em 12 de janeiro de 1888, o bispo se pronunciou. Antes de tomar a decisão, ele consultara madre Maria de Gonzaga e ambos chegaram a um acordo.

O inverno estava insuportavelmente frio. O convento não tinha aquecimento. A candidata ao claustro sofria as sequelas de uma bronquite infantil não completamente curada. Perto do fim da estação viria a Quaresma, com os rigores do jejum, das abstinências e dos sacrifícios. Portanto, era conveniente que só ingressasse no convento no dia da Anunciação da Virgem, em 4 de abril.

Não há como descrever a alegria de Teresa ao receber a notícia. Em suas memórias, ela relatou seus sentimentos na manhã do grande dia, ao assistir à missa das sete horas:

"Jesus desceu ao coração dos meus queridos, a meu redor só escutei os soluços. Eu era a única que não chorava, não vertia uma única lágrima. Meu coração, no entanto, batia com violência. [...] Que momento indescritível!"

Os primeiros passos no Carmelo

O Carmelo de Lisieux foi fundado em 1838. No início, ele contava com apenas seis freiras que viviam numa cabana de palha junto a um riacho. Foi só em 1878 que se conseguiu construir o convento propriamente dito. Quando Teresinha passou a viver nele, as celas das freiras mediam dois metros de altura por quatro de largura e possuíam uma cama, um banco e uma bacia com uma jarra de água. Eram locais de repouso, mas também de estudo, oração e trabalho silencioso.

Na capela ficava o coro, que era de acesso restrito – nem mesmo os sacerdotes tinham autorização para ir até lá. Separado do ambiente por uma grade, as irmãs rezavam nesse espaço durante aproximadamente seis horas por dia. Além disso, eram dedicadas mais duas horas à oração, uma bem de manhã e a outra à noite. As religiosas também assistiam diariamente à missa e recebiam a bênção do Santíssimo Sacramento.

O silêncio era absoluto durante quase todo o dia. Apenas em duas ocasiões – após as refeições comunitárias – a conversa era permitida. O restante do tempo era dedicado a trabalhos de cultivo, de costura e outras atividades manuais. Esses trabalhos, mais as esmolas, propiciavam o sustento da comunidade.

A clausura era obrigatória. As freiras, ou professas, não saíam do convento nem quando adoentadas. Visitas eram recebidas no locutório, em que uma grade separava a freira do visitante. O jejum e a abstinência eram mais rigorosos do que os praticados por muitas ordens. As freiras não tinham propriedade alguma, a pobreza era absoluta. Não havia enfeites nos quartos nem os bancos tinham encosto. Para rezar, era preciso ajoelhar-se diretamente no chão.

Esse estilo de vida "segregado" lembrava a vida dos primeiros carmelitas no deserto. A própria Santa Teresa d'Ávila deu o nome de deserto aos conventos.

Quando Teresinha entrou para a ordem em Lisieux, eram 26 as irmãs ali residentes – a maioria delas bem mais velha, sendo a média de idade 47 anos. A própria fundadora do Carmelo da cidade, irmã Genoveva de Santa Teresa, ainda era viva e beirava os oitenta. No entanto, a entrada de cada uma delas ali representava sempre um episódio renovado da busca pela santidade.

"FAÇA DE MODO QUE NOSSO SENHOR SEJA O SEU SENHOR E MESTRE"

A garota sabia que, no Carmelo, tudo estava subordinado ao amor a Deus, a Jesus. Nas palavras dela, aquele lugar era "vida de morte" – ou seja, a vida carmelita constituía uma renúncia total e completa às satisfações deste mundo para dedicar-se aos prazeres da espiritualidade.

Porém, para quem vivia mimada num lar amoroso e podia sair de casa para desbravar a natureza e o mundo, não era fácil a iniciação à vida rigorosa de um convento. Teresinha se desconcentrava, não conseguia rezar direito, dormia pouco e cochilava durante as orações. Embora tentasse se reanimar e recobrar as energias, seu êxito era, de início, relativo.

Por ser tão mais nova que as outras, ela também representava uma nova preocupação para a prioresa Maria de Gonzaga: Teresa não poderia se tornar uma mascote mimada pelas outras. Já lhe bastavam os mimos de filha mais nova que recebera em casa. Por isso, a prioresa passou a adotar uma atitude severa, até mesmo rude, para com a jovem.

Entre suas funções, estavam remendar as roupas, varrer todo o convento e cuidar do jardim. Enquanto isso, tinha de decorar os textos do breviário, em latim, e dar conta das outras atividades cotidianas do convento. Teresa não estava acostumada a fazer muitos trabalhos manuais; por exemplo, uma vez que não aprendera a remendar roupas, acabava sendo mais lenta em tudo, ganhando por isso várias repreensões. Paulina e Maria tentavam compensar a situação com o carinho de irmãs mais velhas, o que deixava a moça ainda mais chateada; ela preferia se afirmar por si só, como adulta responsável.

A verdade é que nada a abatia de fato. Ela conseguira o principal, muito embora a maior provação ainda estivesse por chegar, e de onde menos se esperava.

Luís Martin, seu pai, começou a sair de casa sem avisar a ninguém e não conseguia achar o caminho de volta. Da primeira vez, em 23 de junho de 1888, só foi encontrado depois de quatro dias. Ele

Estátua de Santa Teresinha.

passou a se esquecer das coisas, a dizer frases sem sentido; era encontrado em lugares improváveis tarde da noite. Celina e os psiquiatras consultados não sabiam o que fazer. Martin acabou internado num asilo, onde passou os três anos seguintes.

Em maio, o padre Pichon, confessor de Paulina e Maria, tornou-se também o diretor espiritual de Teresinha. Tratava-se de um sacerdote admirado e querido por suas virtudes. Seus conselhos ajudavam a jovem a se livrar de receios e temores que vinha alimentando por falta de orientação. Uma frase sua a marcou e norteou por toda sua vida: "Faça de modo que Nosso Senhor seja o seu senhor e mestre".

Teresa afirmou que, desde o dia em que recebeu esse conselho, passou a valorizar a sábia frase de São Paulo: "Morro um pouco a cada dia". Com isso, sentia que, dia após dia, ia se tornando uma criatura mais plenamente amorosa: "Serei todo o amor para todos, mas, para isso, antes de tudo, serei toda de Cristo". Morrer, no caso, significaria despojar-se, submeter-se, doar-se, para melhor servir e amar.

Mesmo assim, as diferenças entre as freiras – de idade, classe social, formação e até sanidade mental – se faziam sentir.

"A NOIVINHA DE 16 ANOS ACHOU MAIS ESPINHOS QUE ROSAS"

Algumas das religiosas a ofendiam verbalmente sem a menor cerimônia. A própria prioresa e a irmã Maria dos Anjos, mestra das noviças, a destratavam. Chegavam a perguntar maldosamente de quem seria a culpa pelo pai, Luís Martin, ter perdido o juízo, depois que tantas das filhas o tinham abandonado. As irmãs Maria e Paulina, penalizadas, condoíam-se e procuravam agir contra essas agressões. Sofriam pela irmã caçula, que fora a queridinha de todos quando moravam em *Buissonnets*.

Teresa se sentia injustiçada com tudo isso, é claro, mas concluiu que seria mais digno e cristão aceitar o sacrifício que lhe era imposto. Por isso, escreveu:

"Não existem inimizades no Carmelo, tudo são antipatias e simpatias. Gostamos de ficar com pessoas simpáticas e queremos fugir das antipáticas. Algumas destas melhoram com o tempo, outras jamais tentarão se tornar melhores. O mais importante é que nunca deixemos de ver que, em cada uma delas, em todas, todas, está Jesus!"

Ela passou, então, a escrever cartas alegres, carinhosas e de estímulo ao pai. Para a irmã Celina, porém, contava: "Estou sofrendo muito aqui dentro. Mas sei que tenho forças para resistir. Posso até sofrer ainda mais".

Ao fim dos seis meses cumpridos como postulante, em outubro de 1888, Teresa estava ansiosa pelo grande momento em que receberia o hábito de noviça carmelita. O padre Delatroette, superior do Carmelo, escreveu uma carta ao convento, na qual comunicava a autorização do bispo dom Hugonin para que se realizasse a cerimônia. No entanto, os termos da carta pareciam sugerir o contrário: o padre Delatroette não estava nada animado, acreditava que Teresa ainda era jovem demais e que não se podia falar em vocação autêntica no caso dela, concluindo que sua opinião devia estar mais próxima dos fatos que a autorização concedida à distância pelo bispo.

No final das contas, apesar de adiada, foi estabelecida a data para que Teresinha tomasse o hábito de noviça: 10 de janeiro de 1889, oito dias depois de seu aniversário. Em 5 de janeiro teve início o retiro preparatório para a cerimônia. Foram cinco dias de mais sofrimento e dúvidas. Teresa escrevia às irmãs para falar sobre a tristeza que a solidão do retiro a fazia sentir. Dormia mal, alimentava-se pior ainda. Sentia um grande vazio interior. Como se não bastasse, uma das freiras vinha perguntar pela saúde do pai, trazendo à tona o receio de que talvez ele não pudesse comparecer à cerimônia. A quase noviça respondia com sorrisos. Anos depois, Teresa escreveria em suas memórias: "A noivinha de 16 anos achou mais espinho que rosas".

Em meio aos desvarios, Luís Martin falava em dar à sua "rainhazinha" um vestido luxuoso, belo como a mais bela flor. Contra todas as expectativas, lá estava ele, o melhor dos pais, no dia 10 de janeiro de 1889, de braço dado com a filha – que usava um vestido branco e comprido –, a conduzi-la para Cristo ao longo do corredor central da capela do convento. Do lado de fora, a neve cobria o jardim. A neve que Teresa tanto amava. A neve do seu vestido.

A cerimônia foi um encanto. Todos se comoveram. Até o bispo Hugonin, emocionado com tanta beleza, trocou, inadvertidamente, algumas palavras do ritual. O luxuoso vestido branco foi substituído pelo hábito modesto, quase rústico, de noviça carmelita, com seu escapulário marrom, sua touca branca, seu rosário na cintura, seu calçado de corda.

O noviciado deveria durar um ano, como de costume. Teresinha sabia que a incompreensão e as agressões gratuitas continuariam, mas já estava preparada. Preparada pelo Amor.

Também foi tempo de estudo e aprendizagem. Havia muitas regras e práticas a assimilar. O exercício da virtude, da meditação e da prece. Os sacrifícios do corpo e a renúncia ao mundo. A vida em comunidade. A busca da santidade em Cristo. A prática do silêncio. A pontualidade nos compromissos de oração e de serviço. Os trabalhos solitários e em comum. A obediência.

Lembrando-se sempre do conselho do padre Pichon, Teresinha adotava o lema místico "Amar e sofrer. Sofrer se for para amar. Amar ainda que sofrendo". Era isso ter "Cristo em sua vida". Era isso "ser amor". Se quem ama sofre e quem não ama também sofre, melhor e mais cristão era amar, ainda que sofrendo.

Detalhe de afresco de Santa Teresinha.

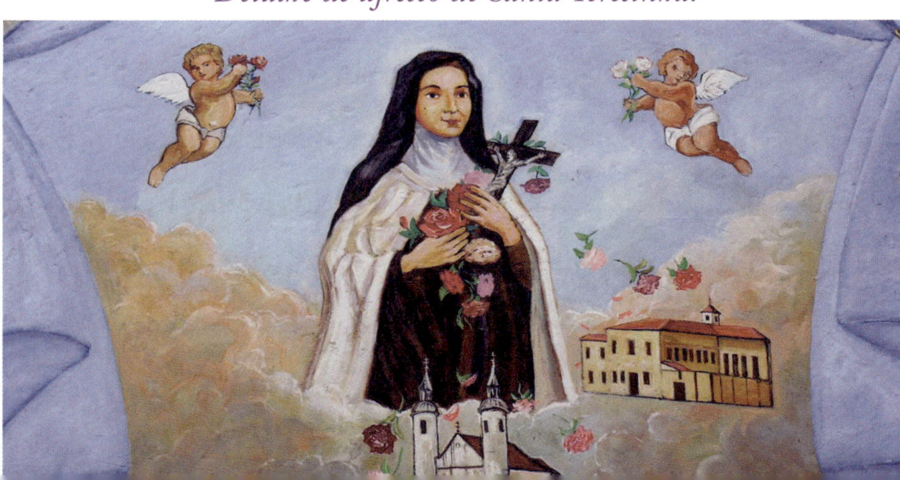

Zvonimir Atletic / Shutterstock

E Teresa sofria ainda por outros apegos. Do que sentia mais falta, além da convivência com o pai e com Celina, era de poder andar entre as flores do campo, cantar e correr em meio à natureza.

Sofreu ao saber do pai doente, e mais ainda quando recebeu a notícia de que um procurador de justiça de Caen pedira Celina em casamento. Por esse motivo sofreram também as irmãs freiras. As três internas desejavam ter junto de si a irmã que faltava. Só sentiram alívio quando souberam que Celina recusara a proposta – assim como viria a recusar outras que recebeu depois.

"DEPOIS QUE ESTIVERMOS SACIADOS NA FONTE DA AMARGURA, O MANANCIAL DA ALEGRIA NOS LEVARÁ PARA JUNTO DE DEUS"

Por fim, o termo do ano de noviciado se aproximava. O dia da profissão religiosa, dia de fazer os votos, estava marcado para 10 de janeiro de 1890. Pouco tempo antes, porém, outra grande desilusão surgiu em seu caminho.

Madre Maria de Gonzaga a chamou para uma conversa.

A grande data teria de ser transferida. "Mas como? Por quê?", espantou-se a noviça. Era que o padre Delatroette não estava nada satisfeito. Julgava que ela ainda era jovem demais para tanta responsabilidade. E a própria prioresa também concluiu que Teresinha era muito nova para professar os votos de pobreza, obediência e castidade que a integrariam definitivamente à Ordem do Carmo. A madre decidiu que ela deveria passar por mais oito meses de noviciado. Teresinha, por sua vez, entendeu que deveria se submeter àquilo, aceitar tudo como sendo a vontade de Deus.

Ela encarou o adiamento, desta vez, não como mais um período de provações, mas como tempo de amadurecimento, aproveitando-o para conhecer mais profundamente os textos sagrados. Leu o profeta Isaías, meditou em suas profecias sobre a vida e a Paixão do Salvador. Leu também os textos do grande místico espanhol São João da Cruz, o "Doutor do Amor", que com Santa Teresa d'Ávila reformara a ordem carmelita.

Em 28 de agosto de 1890, finalmente, teve início o retiro preparatório para os votos. Teresinha precisou ficar em silêncio absoluto por dez dias, que foram dedicados exclusivamente à oração. Durante esse período ela passou por sua maior crise espiritual, conforme relatou em suas memórias:

"Ao invés de me consolar, o retiro é de uma aridez total, um abandono quase absoluto. [...] Ele não me diz nada, e eu também nada digo a Ele, a não ser que meu amor por Ele é maior do que o que tenho por mim mesma. [...] Era preciso que eu passasse por essa prova. [...] As trevas se apossaram de mim de tal modo que já não via nem entendia nada que não fosse isto: eu não tinha mais a vocação! Como poderei descrever a angústia de minha alma?"

Nada, no entanto, nem essa provação extrema, venceu a personalidade resoluta de Teresinha, que terminou superando esse período de escuridão. A profissão de seus votos foi agendada para 7 de setembro, e haveria uma segunda cerimônia, aberta aos parentes e amigos, no dia 24 do mesmo mês. Ao fim do noviciado, ela já tinha escolhido seu novo nome: Teresa do Menino Jesus e da Sagrada Face.

Na manhã do dia marcado, sentiu-se inundada de paz. Sobre o momento tão desejado, escreveu: "Minha união com Jesus não ocorreu em meio a relâmpagos e trovões, isto é, não se deu por meio de graças indescritíveis; pelo contrário, ela aconteceu em meio a uma brisa suave".

photogolfer / Shutterstock

Mural e detalhes da arquitetura da basílica de Santa Teresinha do Menino Jesus; Lisieux, França.

Durante a segunda cerimônia, na capela, diante das outras religiosas, dos parentes e dos amigos, Teresa tirou o véu branco de noviça para adotar o pano preto que lhe cobriria a cabeça como professa.

Sentiu a falta do pai no dia da cerimônia, pois todos julgaram que seria imprudente trazê-lo do asilo. Após depurar mais esse sofrimento sentido nos textos que escreveu, Teresa conclui: “Depois que estivermos saciados na fonte da amargura, o manancial da alegria nos levará para junto de Deus”.

Se lhe faltou o pai, Deus esteve presente. Ela sentiu Sua presença de modo indescritível e inefável. A própria prioresa do Carmelo de Lisieux superou as birras recentes em relação a Teresinha e escreveu à prioresa do convento carmelita de Tours:

“Uma menina foi imolada ontem neste Carmelo. Trata-se de um anjo que conta dezessete anos e meio. É ajuizada como uma mulher de trinta anos e tem a perfeição de uma religiosa experiente. [...] Todos choraram ao ver sua imolação imensa e total."

Quem troca a família e a vida leiga pelo convento e pela vida religiosa se sacrifica, se imola, mas esse abandono não implica a negação da vida. Pelo contrário, manifesta-se aí a busca da vida eterna, da comunhão com o Senhor, da entrega a Deus para que Ele disponha do ser "imolado" da forma que melhor atenda a Seus desígnios.

Ao entrar no Carmelo, Teresinha atendeu ao chamado que sentira já na infância. Daí sua tremenda ansiedade por estar lá, mesmo sem ter atingido a idade que as autoridades religiosas consideravam a mínima necessária para isso.

No entanto, se a alma vai se realizando, nem por isso o corpo deixa de sentir suas dores. A menina que era mimada em casa sofria com os invernos no convento. Mesmo assim, foi cumprindo com cada vez mais dedicação e intensidade a nova tarefa a que se propôs: cuidar das freiras mais doentes e idosas. E foi aprendendo e seguindo novas disciplinas – não se queixar de acusações injustas; comer alimentos que as outras rejeitavam; não perder a compostura quando criticada, sem deixar de sorrir; não julgar nunca as que desrespeitavam as regras do convento. Em síntese: aprendeu a praticar a lei do amor. “Nunca devo dizer ‘Não’ ao meu Amado, que é Jesus”. Era esse seu lema. Sua espiritualidade intensa se ancorou na releitura cada vez mais frequente de *A imitação de Cristo*, enriquecida pela leitura e pela devoção ligadas a um texto menos convencional na prática religiosa, que é o *Cântico dos Cânticos*. Além disso, continuou a ser grande leitora dos poemas do místico espanhol São João da Cruz.

Para Teresa, o importante não era apenas guardar dentro de si as maravilhas assimiladas a partir desses textos incessantemente visitados. Ela acreditava que a carmelita deveria usar o que aprendeu para formar “novos operários para a messe do Senhor”, ser uma missionária (ou um missionário) de Jesus, deixando de se pertencer para ajudar na salvação dos outros e trabalhar pela santificação do clero.

Desse modo, ia definindo sua espiritualidade segundo uma entrega total e absoluta. Sua atividade começava a ter como ponto focal a oração. Deus escuta e atende quem reza com devoção, sinceridade e humildade. Teresa incluía todos em suas orações. Todos. “Orar, sempre!”, pensava a todo momento. Embora os aproveitasse, Teresa sentia certo incômodo nos retiros espirituais, uma vez que os sermões que os padres pregavam, seguindo certo estilo da época, eram repletos de ameaças de fogo do inferno, de castigos inconcebíveis e de visões demoníacas. Em meados de 1891, ela se preparou para mais um retiro como quem ia para o suplício. No entanto, teve uma surpresa admirável: dessa vez o pregador foi o franciscano Alexis Prou, que falou de paz, de alegria, de misericórdia, de confiança, de amor. Teresa entendeu desta maneira a mensagem do bondoso frade: "Deus nunca deixa de nos amar. É esse tipo de pregação que deveria ser feito nos púlpitos do mundo todo".

No inverno europeu do fim do ano, uma gripe violenta se espalhou pela França. Duas freiras do Carmelo de Lisieux morreram por causa da doença. Quase todas as outras foram internadas; apenas três, entre elas Teresa, escaparam. Essa foi uma grande ocasião para que ela demonstrasse sua capacidade de amar e servir, ajudando a salvar muita irmãs de sofrimentos físicos mais graves, quiçá até da morte.

Ao saber do ocorrido, o padre Delatroette, superior do Carmelo, se admirou e se arrependeu de ter barrado por tanto tempo a entrada daquela jovem tão prestimosa e santa, que estava então com 19 anos de idade, no convento. "Meu Deus, eu me enganei! Teresa é uma grande esperança para a nossa comunidade", relatou ele.

A tudo isso somou-se um momento de grande comoção: Luís Martin foi autorizado a sair do asilo para visitar as filhas carmelitas, uma vez que sempre expressava, nos raros momentos de lucidez, um forte desejo de revê-las. No locutório, espantou a todos encontrá-lo tão magro e diminuído. A lucidez pareceu lhe voltar com mais intensidade durante a visita, mas ele não conseguiu articular uma só palavra para conversar com as filhas, exceção feita ao que disse ao sair. Apontando para o alto, Luís exclamou:

– No Céu!

Mais tarde, ao lembrar da cena, já recolhida e muito triste, Teresa refletiu que nem mesmo a maior felicidade deste mundo se comparava à felicidade que esperamos encontrar no Paraíso.

Estátua de Santa Teresinha.

Uma criancinha humilde nas mãos de Deus

Nas instituições carmelitas, a prioresa é eleita por três anos, sendo o mandato renovável por outros três. O período de priorado de madre Maria de Gonzaga havia chegado ao fim, mas foi prorrogado por mais um ano por causa da gripe que acometera o convento.

Como acontece entre os leigos, grande parte dos religiosos – também eles seres humanos comuns – se dedica a fazer política nessas horas. Madre Maria de Gonzaga não foi exceção e tentou escolher sua sucessora, trabalhando pela eleição de uma das irmãs de Teresinha: a freira Paulina, que adotara o nome de irmã Maria Inês.

A intenção de madre Maria de Gonzaga era continuar dando as cartas por trás dos panos, contando com a inexperiência de Paulina. Esta, porém, tinha personalidade forte, e os desencontros entre as duas não tardaram a surgir.

Muito hábil, Paulina nomeou a ex-prioresa para o cargo de mestra das noviças, com a intenção de manter a paz. Por outro lado, chamou sua irmã mais nova, Teresa, para ser ajudante de madre Maria. E Teresa não era uma pessoa que se deixasse manobrar facilmente...

Essa segunda medida agravou o mau humor da antiga prioresa. Madre Maria procurou influenciar as noviças a fim de que contrariassem Teresa quando esta lhes desse alguma instrução.

Mas Teresa tinha seus próprios recursos de pacificadora. Como ajudante da mestra das noviças, estava incumbida de organizar as festas religiosas, com todos os seus adereços, pinturas, imagens e até poesias. Nessas horas, seu melhor humor se revelava: se por um lado a tocante devoção de Teresinha conseguia arrancar lágrimas de emoção das outras freiras, por outro todas morriam de rir com as coisas engraçadas que ela fazia.

Enquanto isso, Leônia, sua irmã do meio, resolveu entrar de vez para a vida religiosa, ingressando na Ordem da Visitação. Cumpria assim, em si própria, o antigo sonho não realizado da mãe. Agora, o triste e pesado encargo de cuidar do pai recaía apenas sobre Celina.

Nesse período, sensível às dificuldades que a irmã enfrentava, Teresa passou a lhe escrever com mais frequência, aliviando-a com palavras dos Evangelhos e frases de consolo, como aquela que depois ficou bastante conhecida: "Celina, é fácil agradar a Jesus, basta amar a Ele sem olhar para si própria".

Embora professa, Teresa ainda morava no alojamento das noviças. Como lhe agradava continuar convivendo com as mais jovens! E, para poder desempenhar melhor suas funções, pediu para ficar na mesma cela. Algumas das freiras mais antigas, um tanto maldosamente, repetiam a velha cantilena de que Teresinha entrara no convento para se divertir. É dessa época que veio uma das frases mais marcantes da jovem: "A dor mais amarga é não ser compreendida". Ao mesmo tempo, as sequelas da bronquite que a acometera na infância volta e meia se faziam sentir. Teresa

Pintura de Santa Teresinha.

Zvonimir Atletic / Shutterstock

"É FÁCIL AGRADAR A JESUS, BASTA AMAR A ELE SEM OLHAR PARA SI PRÓPRIA"

também começou a sofrer com dores na garganta depois de lavar a louça e as roupas. As dores se espalharam pelo peito. Para piorar, aos sofrimentos físicos somaram-se novos sofrimentos da alma: chegou a notícia da morte do pai, ocorrida em 29 de julho de 1894.

A atitude de Teresinha foi de aceitação e resignação. Ela escreveu: "Vós o levastes. Nós sofremos com isso, mas também Vos agradecemos o pai que nos destes". E então compôs uma oração, intitulada "Prece da filha de um santo". Em seguida, Celina, que havia feito, sem contá-lo nem às irmãs, um voto secreto de castidade, pediu sua admissão ao Carmelo. Estivera apenas esperando a morte do pai para realizar esse sonho – o que provocou novos debates: o padre Pichon queria levá-la, como missionária, para o Canadá; o padre Delatroette dizia que ter uma quarta irmã da mesma família no convento das carmelitas de Lisieux contrariava a regra da Ordem; enquanto madre Maria de Gonzaga, surpreendentemente, mostrou-se a favor da entrada da nova integrante.

Após muita conversa, o pedido de Celina foi aceito, e a quarta irmã Martin entrou para o Carmelo de Lisieux. Teresinha ficou exultante.

O tempo passou e, no fim de 1894, Teresa voltou às dúvidas quanto ao caminho escolhido. Já estava há seis anos entre as carmelitas. Seu desejo era tornar-se santa, mas se questionava: seria aquela a vida que a conduziria à santidade? Era assim que os verdadeiros santos viviam? Em que eles se pareciam uns com os outros?

A leitura das vidas dos santos, biografias tão distintas como são as das pessoas ditas comuns, deixava-a confusa. Em tudo, porém, eles eram admiráveis; estavam um patamar acima de nós – ou vários, uma vez que, em comparação com tantos santos e santas, Teresinha se julgava "um grão de areia". Ela mantinha o firme propósito de servir, de ser paciente e compreensiva, de esquecer ofensas, de não transformar em tragédia os pequenos dissabores, de manter a bondade e o amor acima de tudo. No entanto, sentia-se fraca, pequena, insatisfeita.

Ainda quando noviça, já lhe parecia impossível atingir a santidade. Mas não! Era preciso resistir à tentação, persistir no bom propósito, proceder bem, orar e confiar em Deus… Desanimar?

Nunca! Teresa se lembrou com alegria do pregador franciscano, frei Prou, que lhe falara do caminho reto, do trilho, como o de um trem, que conduzia ao amor total, ao amor de Deus. E concluiu: “Não é com os pés que devo percorrer esse trilho, mas com o coração”. Ciente de sua pequenez, foi então que Teresa passou a assinar “Teresinha”. Algumas freiras consideraram essa atitude afetada, fruto de orgulho. Teresinha não ligou para essa reação. Aprendeu que, na alegria do Senhor, é preciso ousar, lançar-se com confiança ao amor, como Jesus ensinou ao caminhar sobre as águas.

No fim de 1895, durante uma conversa entre as quatro irmãs, que lembravam com nostalgia a infância e a adolescência em família, Maria disse à prioresa Paulina: “E se Teresinha escrevesse todas essas memórias?”.

Zvonimir Atletic / Shutterstock

Vitral de Santa Teresinha, datado de 1936.

Teresinha hesitou, não se sentia capaz nem digna de dissertar sobre sua própria vida. Então, Paulina lhe deu a ordem de escrever as recordações de infância.

Assim, nas noites frias de inverno, antes de se deitar, Teresinha escrevia sobre sua vida. Antes, pedia inspiração à Virgem do Sorriso; em seguida, abria o Evangelho para escrever sob a influência das palavras de Jesus.

Ao escrever, ia compreendendo o sentido de sua vida até ali. Nos seis primeiros cadernos, celebrou a misericórdia divina, pouco falou em si própria. Mas lembrou como uma grande graça sua "conversão" no distante Natal de 1886. Celina, sua primeira leitora, entusiasmou-se com o que leu e disse que aquilo deveria ser publicado em livro.

"Ridículo!", respondeu Teresinha. "Não escrevi para fazer literatura. Escrevi para obedecer."

No entanto, o exercício a levou a ousar mais. Logo brotaram de sua pena lindos poemas religiosos. A exaltação e o êxtase a levaram a pedir à prioresa Paulina a licença para se oferecer em holocausto ao Amor Misericordioso, sugerindo a Celina que fizesse o mesmo. A autorização foi concedida: tratava-se de um martírio simbólico, no qual a "vítima" se oferecia em sacrifício, implorando a Deus que levasse para ela os castigos que deveriam ser dados a outros pecadores, aliviando a carga deles. O "holocausto" foi realizado diante do altar de Nossa Senhora das Vitórias, com uma longa prece de consagração.

Além disso, Teresinha rezou continuamente pelos sacerdotes, como já se havia proposto, e ofereceu em sacrifício a Jesus Cristo uma multiplicidade de pequenas ações diárias: não cruzava os pés nem apoiava as costas quando se sentava, atendia imediatamente o que pediam as irmãs, jejuava e abstinha-se de seus alimentos preferidos etc.

Sabedores de seu apoio ao sacerdócio, começaram a chegar-lhe pedidos de orações em intenção de novos padres, em especial os que partiam em missão a lugares distantes do mundo. Vários desses "imitadores de Cristo" tornaram-se os seus "protegidos".

Em março de 1896, madre Maria de Gonzaga voltou a ser eleita prioresa do Carmelo de Lisieux. A outra candidata era Paulina, e a eleição só se resolveu depois de sete votações.

A primeira providência de madre Maria foi nomear Teresinha mestra das noviças – que agora eram cinco. Ela não se sentia à altura

"NÃO É COM OS PÉS QUE DEVO PERCORRER ESSE TRILHO, MAS COM O CORAÇÃO"

da tarefa; ao pedir conselhos às irmãs, percebeu que apenas se tornando mais paciente e compreensiva teria êxito na missão.

Para sua surpresa, conseguiu mesmo tornar-se uma pessoa mais flexível, menos sensível, e foi conquistando a confiança das moças a seu encargo. "Mais aprendi do que ensinei", refletiu ela. Deixou definitivamente de julgar as imperfeições dos outros e se desenvolveu de tal modo que, segundo as outras irmãs, teria se tornado uma excelente prioresa se tivesse vivido mais tempo.

Na Quinta-Feira Santa, dia 3 de abril de 1896, permaneceu em contemplação, oração e adoração até depois da meia-noite. Quando finalmente foi repousar, um refluxo lhe subiu pela traqueia e a deixou inquieta em sua cela. Seria sangue? A luz estava apagada. Já era Sexta-Feira Santa, o dia da Morte do Senhor. Que graça imensa se lhe fosse dado falecer nessa mesma data!

No dia seguinte, ao ver o lenço, constatou: era sangue. Mas nada disso a assustou. Pode ser que o Senhor realmente desejasse chamá-la para junto de Si o mais breve possível. Ainda assim, Teresinha desempenhou suas funções cotidianas normalmente, com a esperança secreta de ir logo para o Céu.

Nessa noite, um novo fluxo de sangue, mais denso, quase a sufocou. Não havia como esconder mais, e o médico foi chamado. Ela confessou ter feito jejuns muito rigorosos na Quaresma anterior, e seu pescoço apresentava um inchaço.

Veio a Páscoa e, com ela, inesperadamente, as dúvidas voltaram a tomar conta de Teresinha. Parecia-lhe que um muro alto como o Céu a separava de sua fé. Começou a pensar que morreria jovem e sem ter feito nada de valia pela vida eterna. Aliás… a vida eterna existiria mesmo? Os trilhos do caminho direto para Jesus… Seriam mesmo verdade? De que valiam todos os sacrifícios e privações, o "holocausto" a que se dedicara como "vítima"? Uma voz interior lhe disse que o espírito era ilusão. Mais tarde, Teresinha falou a Paulina: "O meu espírito foi tomado pelo raciocínio dos maiores materialistas". Sentiu-se imersa numa escuridão total.

No dia em que se completaram seis anos de sua profissão, Teresinha preferiu ficar absolutamente só. Na solidão, entreviu um minúsculo raio de luz e escreveu: "Bem-Amado, neste sexto aniversário de nossa união, peço que perdoes as minhas tolices e suplico que concedas à minha alma aquilo por que ela tanto espera. Pode existir espírito mais pequeno e mais sem força de vontade que o meu?". Então, voltou a sonhar com a santidade: santa guerreira, sacerdotisa, mártir, doutora da Igreja...

Abriu o Novo Testamento ao acaso e lá encontrou, na Epístola de São Paulo aos Coríntios: "Nem todos podem ser apóstolos, profetas ou doutores, o olho não pode ser a mão", e "A caridade é o caminho excelente, o que com mais segurança conduz a Deus".

Compreendeu então que a Igreja tinha vários órgãos, mas o mais importante era o coração. Como viria a escrever: "É o Amor que move os membros da Igreja. Sem o Amor, não existiriam os apóstolos, nem os mártires teriam derramado seu sangue. O Amor contém todas as vocações. O Amor é tudo, abarca todos os tempos e lugares. Compreendi que o Amor, em suma, é eterno. E exclamei: 'Jesus, enfim encontro minha vocação – que é o Amor'".

Teresinha retomou a redação das lembranças da infância. A raiz de sua vitalidade, de sua capacidade de enfrentar, duvidar e resolver problemas, estava na criança que ela fora, uma criancinha humilde nas mãos de Deus. Ela descobrira o caminho da infância espiritual.

Provações e morte

Enquanto tudo isso se passava no íntimo de Teresinha, ninguém imaginava a condição de seu estado de saúde, que tinha piorado sem que ela revelasse sua gravidade a ninguém. Teresinha aparecia sempre sorridente, calma e solícita. Nas tarefas ao ar livre, expunha-se à neve e à chuva como se nada a incomodasse. Cumpria os longos horários de oração sem apoiar as costas em nada e segurava a tosse. Escrevia, criava versos, pintava e costurava como se não sentisse desconforto algum.

A partir de maio, no entanto, a piora de seu estado se tornou evidente. Madre Maria de Gonzaga, que até então a tratava como se fosse uma menina mimada, excedeu-se no desvelo e nas atenções à freira doente. Teresinha escreveu sobre ela: "Todos aqueles cuidados me ensinaram muito sobre a caridade. Nenhum remédio era caro demais para ela. Refleti como deveria ser compreensiva para com as enfermidades espirituais das irmãs, assim como ela era compreensiva para com a minha enfermidade física".

Os médicos a desenganaram, mas o processo da doença se estendeu por mais quatro meses. Em 2 de junho, receosa de um rápido desenlace, Paulina procurou a prioresa e lhe falou sobre os textos que Teresinha escrevera acerca de sua infância. Em seguida, pediu:

– Ela não chegou a contar nada da vida religiosa. Se a senhora ordenasse, ela poderia escrever textos mais sérios e mais importantes sobre a nossa vivência, sobre o que aprendemos aqui.

Madre Maria de Gonzaga aprovou a ideia e já no dia seguinte pediu a Teresinha que escrevesse o livro. No entanto, assustou-se ao encontrá-la cuspindo sangue.

Escultura de Santa Teresinha.

Ao sentir a entrada da prioresa, Teresinha se recompôs e disse que estava bem, que o mal-estar era passageiro. A prioresa lhe comunicou então a ideia de Paulina. A moça respondeu que não se sentia em condições de arcar com a tarefa, mas madre Maria Teresa procurou animá-la, pedindo que fizesse mais esse esforço.

À MEDIDA QUE OS TEXTOS FICAVAM PRONTOS E ERAM LIDOS, AS IRMÃS SE CONVENCIAM DE QUE ESTIVERAM CONVIVENDO, POR TODO ESSE TEMPO, COM UMA VERDADEIRA SANTA

A conversa teve resultado. No dia seguinte, Teresinha se dispôs a escrever – e seu estado de saúde começou a melhorar. Ela sentiu que sua escrita amadurecera, assim como seus sentimentos e suas ideias. À medida que os textos ficavam prontos e eram lidos, as irmãs se convenciam de que estiveram convivendo, por todo esse tempo, com uma verdadeira santa.

Por isso, iam a toda hora interrompê-la com perguntas e pedidos de conselhos, os quais Teresinha atendia prontamente,

"NÃO HÁ AMOR MAIOR QUE O AMOR COM QUE DEUS ME AMOU"

com bondade e doçura. Todas admiravam sua paciência ante o sofrimento – a mesma paciência que deveria exercitar durante alguns incidentes que lhe eram custosos, como quando Celina insistiu que fosse fotografada, sem permitir-lhe descansar enquanto não obtivesse a melhor foto.

Teresinha, porém, logo percebeu que teria de concluir a redação de suas memórias rapidamente, pois seu estado de saúde voltava a se agravar.

Em julho, deu-se a última ocasião em que pôde receber a visita de seu querido tio e de outros parentes no locutório. Em agosto, com as hemoptises mais frequentes, a jovem foi internada. Seus sofrimentos tornaram-se indescritíveis, e ela repetia a todo momento sua declaração de amor a Jesus Cristo, acrescentando sua mais famosa frase: "Não descansarei no Céu. Lá é o lugar de amar mais. Não ficarei inativa, pois quero ficar no Céu fazendo o bem na terra".

A longa agonia durou até 30 de setembro de 1897. Na véspera, Teresinha ainda citou São Paulo: "O homem exterior caminha para a ruína, o homem interior se renova todos os dias no Senhor". Depois, disse às irmãs: "Não há amor maior que o Amor com que Deus me amou. Sempre e em todas as coisas". Teresinha do Menino Jesus e da Sagrada Face morreu às sete horas da noite. Olhando para a cruz, cantou, em tom de adeus: "Eu Vos amo, ó meu Deus, eu Vos amo".

Selo em homenagem ao centenário de Teresinha – ao fundo, a basílica de Notre-Dame, em Alençon, terra natal da santa; impresso na França, 1973.

Boris15 / Shutterstock

A devoção a Santa Teresinha

Quando Teresinha faleceu, estava com apenas 24 anos de idade. Tinha entrado na Ordem do Carmo nove anos antes.

Seus textos são verdadeiros ensaios de religiosidade. Após sua morte, madre Maria Inês (sua irmã Paulina) reuniu os cadernos escritos por ela e os agrupou num livro, que recebeu o título de *História de uma alma* e foi publicado em 1898. Trata-se de uma obra exemplar e surpreendente para quem deseja saber mais sobre os caminhos da santidade.

A tiragem inicial, de dois mil exemplares, alcançou imenso sucesso e foi seguida por rápidas reimpressões. No fim do século XIX, suas palavras representavam uma grande inovação, uma vez que fugiam do moralismo prevalecente e falavam de Deus como fonte de amor e liberdade. *História de uma alma* foi sendo rapidamente traduzido para várias línguas, inclusive o japonês. Em seguida, muitas pessoas começaram a escrever para Lisieux relatando terem sido curadas de enfermidades pela intercessão da jovem freira. Diversas vozes se levantaram em favor de sua beatificação, o que deixou as irmãs que conviviam com ela muito admiradas, pois jamais tinham chegado a cogitar isso.

Finalizado o processo, a irmã Teresinha foi beatificada em 1923. Dois anos depois, em 17 de maio de 1925, o papa Pio XI – que a chamava de "estrela do meu pontificado" – a canonizou como Santa Teresinha do Menino Jesus e da Sagrada Face. Ao lado de Santa Joana d'Arc, foi nomeada santa padroeira da França. Tornou-se também, junto a São Francisco Xavier, patrona das obras missionárias da Igreja Católica em todo o mundo. Em 1997, São João Paulo II a proclamou doutora da Igreja, sendo a terceira mulher a receber esse título.

A festa de Santa Teresinha é celebrada em 1º de outubro.

Patrick Wang / Shutterstock

Patrick Wang / Shutterstock

Exterior (imagem ao lado) e interior (imagem acima) da basílica de Santa Teresinha do Menino Jesus; Lisieux, França.

Orações

HINO A SANTA TERESINHA

Ajoelhados ante o altar,
onde brilhas como a luz,
imploramos tuas bênçãos,
Teresinha de Jesus!

Lá dos Céus volve teus olhos
sobre nós e nossa dor;
manda, em pétalas de rosas,
toda a bênção do Senhor!

Nas ações de cada dia,
pequeninas, sem valor…
aprendamos teu segredo
de fazê-las por amor!

Deus nos dê, pelos teus rogos,
força e luz, graça e calor...
Que saibamos, a teu modo,
ofertar-lhe nosso amor!

Quando enfim chegar a morte
pra levar-nos ao Senhor,
que nosso último suspiro
seja um cântico de amor!

NOVENA DE SANTA TERESINHA

Repetir a oração durante nove dias consecutivos. Pode-se iniciar a novena em qualquer dia, mas dá-se preferência a realizá-la entre os dias 9 e 17 de cada mês.

Santíssima Trindade, Pai, Filho e Espírito Santo, eu Vos agradeço todos os favores, todas as graças com que enriquecestes a alma de Vossa serva Santa Teresinha do Menino Jesus durante os 24 anos que passou na terra e, pelos méritos de tão querida santinha, suplico que me concedais a graça que ardentemente Vos peço [*pedir a graça desejada*], se for conforme a Vossa Santíssima vontade e para salvação de minha alma. Ajudai minha fé e minha esperança, ó Santa Teresinha, cumprindo mais uma vez vossa promessa de que ninguém vos invocaria em vão.

Reza-se em seguida, 24 vezes, uma para cada ano de vida de Santa Teresinha:

Glória ao Pai, ao Filho e ao Espírito Santo, assim como era no princípio, agora e sempre, e por todos os séculos dos séculos. Amém.

Por fim:

Santa Teresinha do Menino Jesus, rogai por nós.

ORAÇÃO A SANTA TERESINHA PARA ALCANÇAR UMA GRAÇA

Santa Teresinha do Menino Jesus, que na vossa curta existência fostes um espelho de angélica pureza, de amor forte e de tão generosa entrega nas mãos de Deus. Agora que gozais do prêmio de vossas virtudes, volvei um olhar de compaixão sobre mim, que plenamente confio em vós. Fazei vossas as minhas intenções, dizei por mim uma palavra àquela Virgem Imaculada de que fostes a florzinha privilegiada, à Rainha do Céu, que vos sorriu na manhã da vida. Rogai-lhe, a Ela, que é tão poderosa sobre o Coração de Jesus, que me obtenha a graça por que nesta hora tanto anseio. [*Pedir a graça desejada.*] E que a acompanhe de uma bênção que me fortifique durante a vida, me defenda na hora da morte e me leve à eternidade feliz. Amém.

ORAÇÃO DAS ROSAS

Santa Teresinha do Menino Jesus, modelo de humildade, confiança e amor. Do alto dos céus derrama sobre nós estas rosas que levas em teus braços: a rosa da humildade, para que vençamos nosso orgulho e aceitemos o Evangelho; a rosa da confiança, para que nos abandonemos à vontade de Deus; a rosa do amor, para que, abrindo nossa alma à graça divina, realizemos o único fim para o qual Deus nos criou: amá-lo e fazer com que ele seja amado por todos. Tu que passas teu céu fazendo o bem na terra, ajuda-me nas minhas necessidades, concedendo-me a graça de que estou precisando, e proteja-me contra todo o mal. Amém.

Zvonimir Atletic / Shutterstock

Bibliografia

GAMBI, Orlando. *Vida de Santa Teresinha*. Aparecida: Editora Santuário, 1997.

JOULIN, Marc. *Teresinha de Jesus*: traços biográficos. 8. ed. São Paulo: Paulinas, 2010.

TERESA DO MENINO JESUS, Santa. *História de uma alma*: manuscritos autobiográficos. São Paulo: Paulus, 1986.

Coordenação do projeto: Petra Editora

Direção geral
Antônio Araújo

Direção editorial
Daniele Cajueiro

Editor responsável
Hugo Langone

Produção
Adriana Torres
Daniel Borges

Produção editorial: Obá Editorial

Supervisão editorial
Diego Rodrigues

Editor assistente
Leonardo do Carmo

Assistente editorial
Eugênia Souza

Pesquisa, redação e preparação de texto
Fernando Nuno

Projeto gráfico
Carol Ohashi

Diagramação
Bruna Marchi

Revisão
Gabriela Silva e Isabela Norberto

Imagem de capa
zatletic / Depositphotos

Este livro foi impresso em 2016, para a Petra.
A fonte usada no miolo é Adobe Garamond Pro, 14/24.
O papel do miolo é offset 90g/m², e o da capa é cartão 250g/m².